ACTES SUD JUNIOR
est dirigé par Madeleine Thoby-Le Duc

LA PETITE PIERRE DE CHINE

Du même auteur

Une vie de toutes les couleurs
Histoire de cœurs
Mamy-loup
ACTES SUD JUNIOR

La Valise oubliée
Taourama et le lagon bleu
Au cinéma Lux
Les Prisonniers d'Icibas
La Photo terrible
Les Rois de l'horizon
SYROS

La Petite Cinglée
SEUIL JEUNESSE

Du même illustrateur

La Mythologie chinoise
ACTES SUD JUNIOR

Zhong Kui, la terreur des forces du mal
Dragon de feu
Je ne vais pas pleurer !
La Légende du cerf-volant
Archimède
L'ÉCOLE DES LOISIRS

Direction artistique et maquette :
Guillaume Berga

ISBN 2-7427-4814-8

Loi 49-956 du 16 juillet 1949
sur les publications destinées à la jeunesse

Les Contes philosophiques

LA PETITE PIERRE DE CHINE

PAR JANINE TEISSON

Illustrations de
CHEN JIANG HONG

ACTES SUD JUNIOR

Dans les hautes montagnes de la Chine, sur un sommet, on pouvait voir, appuyés l'un contre l'autre, deux énormes rochers jumeaux que l'on nommait Paah et Maah. Personne ne savait qu'il existait un petit espace entre les deux rochers géants et que, dans cet espace minuscule, il y avait une petite pierre.

Cette petite pierre se tenait très tranquille. Elle se retenait de bouger car elle pensait que, si elle faisait un seul petit mouvement, il ébranlerait les grands rochers qui dégringoleraient au fond

des précipices, et plus jamais
les voyageurs ne montreraient
du doigt la montagne en disant :
“Voyez ces deux géants accolés,
couronnés de nuages.
Nul n’a pu les atteindre.
Ils se nomment Paah et Maah.”

Alors la petite pierre, pendant des milliers d'années, supporta le froid, le chaud, l'humidité et la glace, sans bouger. Pendant des milliers d'années elle entendit le cri des oiseaux, le beuglement des bœufs dans la vallée, le grondement du tonnerre et la chanson espiègle des torrents au printemps, sans bouger.

Sans bouger, elle sentit les odeurs de mousse, l'odeur de métal froid de la roche gelée, le violent parfum de la crotte du chevreuil déposée non loin d'elle.
Du petit trou où elle était coincée, elle vit toutes les couleurs possibles du ciel.
Le blanc cotonneux des nuages, le bleu vaporeux des après-midi d'été, le bleu foncé des jours de gel, le noir lisse de la nuit et son unique étoile.
Pendant des milliers d'années, sans bouger.

Et puis un jour, inondation
ou tremblement de terre,
la petite pierre sentit comme
un mouvement, sous elle,
en elle, autour d'elle.
Et sans réfléchir, en prenant
à peine le temps de se dire
"Pourquoi pas?", elle se retrouva
hors du petit trou où elle était
coincée entre les deux géants.
Elle roula, vit l'immensité
du monde en bas.
Et, un peu par terreur d'être
écrasée par les deux géants qui,
pensait-elle, ne manqueraient
pas de s'effondrer maintenant
qu'elle était partie, poussée
aussi par un désir qu'elle n'avait
jamais connu, la petite pierre
s'élança dans le vide.

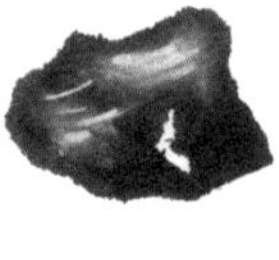

Elle connut donc le vide.
N'être soutenue par rien.
Ne rien soutenir.

Elle atterrit sur un sol caillouteux
et descendit la pente en
rebondissant de pierre en pierre.
Elle vit donc qu'il y avait
beaucoup de pierres différentes,
dans le monde. Elle vit leurs
teintes variées et le vert tendre
de l'herbe qui poussait entre elles
et elle sauta, malheureusement
un peu trop vite, au-dessus
de sa première fleur.
Quelque chose de rond
et d'étincelant, comme un
minuscule soleil planté en terre.

Enfin, dans un grand bond,
elle plongea dans un torrent.
Quelle expérience merveilleuse
pour elle ! Tantôt elle était sous
l'eau, tantôt à l'air libre.
Tout la ravissait. La fraîcheur,
les couleurs, le bruit des cascades
et le museau que les animaux
des montagnes plongeaient
délicatement dans l'eau
transparente et leur plaisir
immense et tranquille à la fois,
qui venait jusqu'à elle.
"Les bêtes ont plaisir à boire" :
elle apprit cela.
Elle s'émerveilla du saut vert
de la grenouille, des mille
grouillements dans le sable fin.

Comme elle se penchait sur
la pierre moussue sur laquelle
elle était posée, pour regarder
scintiller l'argent au flanc
des poissons, elle glissa
et un poisson, justement, la goba.

Noir total ! Étranges sensations !
Peur. Mouvements. Ondulations.
Elle était dans l'estomac
du poisson et celui-ci, bien que
se sentant un peu lourd, décida
de rejoindre la grande rivière.

À peine plongé dans les eaux rapides de la rivière, le poisson vit flotter un ver si appétissant qu'il l'engloutit.
Grande secousse ! La petite pierre sentit qu'elle était, dans son poisson, emportée dans les airs.
Voltige ! Voltige !
Atterrissage brutal sur le sol.
Tremblements ! Battements !
Contorsions ! Saccades !
Soubresauts ! Et puis peu à peu, plus rien. La petite pierre comprit que le poisson argenté était mort quand elle vit passer près d'elle le couteau du pêcheur.
"Le pêcheur tue le poisson, constata-t-elle, et le poisson n'est pas consentant."
Elle apprit encore cela.

Le pêcheur ne la laissa pas sur le pré parmi les entrailles du poisson, non, il l'emporta et la jeta dans sa basse-cour. Là, la petite pierre découvrit les canards, les poules et le grand mystère des œufs.

Une poule prit un jour la petite pierre dans son bec et la plaça sous son huitième œuf qui tombait sans cesse sur le côté. Puis elle s'installa sur ses œufs, et la petite pierre, pendant quarante jours, connut la chaleur terrible qu'il fait sous le ventre d'une poule couveuse.

Un jour, il lui sembla entendre, venant de l'intérieur du huitième œuf, un vacarme terrible.
Qui tape ainsi ? se demanda la petite pierre.
Elle faisait tous ses efforts pour retenir l'œuf, mais il penchait de nouveau et, pire, il remuait, il roulait. Comment faire pour l'empêcher de se briser ?

Il se brisa bel et bien en se cognant contre la petite pierre et elle vit, dans la brisure de la coquille, un œil tout rond qui la regardait.
Une espèce de volatile petit et laid, les plumes collées sur la tête, sortit des débris de la coquille et au passage lui donna un coup de son bec encore mou. La petite pierre en fut plutôt stupéfaite, mais elle en tira une conclusion :
“Il faut vingt et un jours de chaleur pour que naisse un petit de poule.”
Elle avait encore appris cela.

Une nuit qu'un voleur s'était glissé, pieds nus, dans la basse-cour, et qu'il fuyait en emportant dans son sac deux canards, la petite pierre partit avec lui, coincée entre ses orteils crasseux.

Grâce à ce maigre voleur, elle traversa une forêt. Elle fut ravie par le profond murmure des grands arbres.

Quand le voleur se cacha dans un fourré plein d'épines pour laisser passer une troupe de gens armés jusqu'aux dents et que, en tremblant de tout son corps, il la secoua tant et plus, elle apprit ce qu'était la peur des humains. Elle pensa : "L'homme sans armes a peur des hommes armés."

Le voleur était si pressé qu'il ne délogea pas la petite pierre d'entre ses orteils. En se cachant, il courut jusqu'à sa cabane.

Là, en voyant l'homme maigre serrer dans ses bras deux enfants plus maigres encore, la petite pierre découvrit que quelque chose de très fort unissait ces êtres. "Serait-ce l'amour ?" se demanda-t-elle.
Une femme, malade sans doute, était allongée dans l'ombre.
L'homme vint vers elle avec des gestes tendres.
Il lui donna à boire.
"Pas de doute, c'est l'amour", pensa la petite pierre.

L'homme tua un canard.
Le volatile fut cuit et dévoré
par la famille du voleur.
La petite pierre entendit
les enfants rire, vit les yeux
de la malade s'éclairer.
"La vie de l'homme est liée à la
mort des animaux", apprit-elle.
Dans cette pauvre cabane,
après que l'homme maigre eut
retiré la pierre d'entre ses orteils,
du coin où il l'avait envoyée
balader, elle apprit presque
tout ce que l'on
doit savoir sur
les humains.

L'homme maigre rapporta d'autres canards.
Un jour, la femme se leva.
Elle fit sortir les enfants et le mari et, avec l'eau qu'il avait apportée dans les pots en terre, elle lava son corps et ses longs cheveux noirs. Son visage sali par la fièvre devint lisse.
La petite pierre voyait les yeux si noirs de la femme du voleur et en était émerveillée. "Est-ce la beauté ?" se demanda-t-elle.
Quand la femme ouvrit la porte et que la petite pierre vit les larmes venir aux yeux du père qui n'osait bouger sur le seuil, elle se dit que oui, c'était la beauté.

Le lendemain, la femme aux longs cheveux noirs balaya la cabane et la petite pierre fut projetée dehors.

Chaque jour, la femme au doux regard s'asseyait devant la cabane et tressait des paniers, des chapeaux et des nasses tout en surveillant ses enfants qui ne cessaient de courir et d'inventer toutes sortes de jeux. La femme ramassa la petite pierre et l'utilisa

pour vérifier l'écartement des tiges d'osier. Toute la journée elle la prenait, la faisait glisser entre deux tiges tressées et la reposait. Toute la journée.
"Je suis utile", pensa la petite pierre, et cela fit naître en elle de la joie.

Un matin, toute la famille partit à l'aube au marché, chargée de paniers, de chapeaux et de nasses de toutes tailles.
La petite pierre les regarda s'éloigner tous les quatre, joyeux, et se sentit très seule.
"Est-ce la tristesse ?" se demanda-t-elle.
Et comme elle avait beaucoup réfléchi depuis le jour où elle avait sauté dans le vide, elle se répondit : "Oui, c'est la tristesse, mais c'est aussi l'affection. Je me suis attachée à eux. Sans doute n'y a-t-il pas d'attachement sans souffrance." Et elle fut contente, malgré tout, d'avoir appris cela.

Le jour était levé. Soudain, une ombre plana au-dessus de la petite pierre. C'était une perdrix. Elle picorait à toute allure toutes les miettes qu'elle trouvait dans la cour déserte et soudain, elle avala la petite pierre. Celle-ci ne s'affola pas. Elle avait déjà connu la solitude et les ténèbres dans l'estomac du poisson. Elle apprit là que le vol que nous admirons en suivant les oiseaux des yeux est un effort épuisant, constant. La perdrix qui la transportait travaillait dur tout le jour.

Manger, voler, manger, voler, telle était sa vie. Sans repos. La petite pierre sentait autour d'elle toute la tension du corps de l'oiseau et constata que, selon l'endroit où l'on se trouve, les choses sont complètement différentes. Toujours.
Elle pensait :
"Celui qui regarde voler l'oiseau et l'oiseau qui vole, celui qui admire la danse habile de la main qui tresse l'osier et celle qui fait ses paniers pour les vendre, chaque point de vue est différent..."

Elle ne put continuer sa réflexion car une flèche en sifflant venait de transpercer la perdrix. La flèche infaillible du maître chasseur d'un prince.

Après avoir connu la chaleur du four, la délicieuse odeur des épices, elle découvrit lors du festin, car on avait mal vidé la perdrix, le luxe, l'or, le velours et la soie, et la fragilité des dents humaines.
Parce que le cuisinier avait oublié la petite pierre dans la perdrix, le prince lui fit couper le cou.
La petite pierre découvrit la cruauté des puissants.

Jetée dans une poubelle,
répandue avec les ordures sur
les champs pour faire de l'engrais,
elle apprit encore une foule
de choses. Elle rencontra maints
insectes merveilleux, admira
les innombrables facettes
de leurs yeux, la mécanique
de leurs membres.

Elle découvrit que les végétaux,
même minuscules, ne sont pas
silencieux. Ils poussent,
ils poussent dans la douleur,
ils poussent dans la joie.
Elle entendit le chant des herbes
assoiffées qui reçoivent la pluie
et se dit : "quelle chance j'ai
d'avoir entendu ce chant d'espoir,
de joie pure."

Elle sentit maintes puanteurs
et délicats parfums.
La saison des pluies, violente,
l'enfonça dans la terre.

Elle ne savait pas qu'elle était
au milieu d'une rizière.
Une nuit, quelque chose se mit
à la pousser, à la soulever.
Quelque chose de très petit
qui avait une force immense.
C'était le germe encore blanc
d'un grain de riz qui désirait
vivre.
Autour d'elle des millions
de germes poussaient ainsi
vers la lumière et elle en fut
bouleversée.

Un jour, le fils du paysan
la ramassa, la mit dans sa fronde
et visa une tourterelle.
La petite pierre fila dans le ciel
à une allure folle.
"On se sert de moi pour donner
la mort", pensa-t-elle, horrifiée.

À quelques centimètres
de la tourterelle, elle fit une
cabriole dans l'air et frôla
seulement l'aile de l'oiseau
qui se réfugia au fond du ciel.
En bas, elle entendit le cri
de déception du jeune homme.

Elle était retombée sur le flanc d'une colline. Elle vit, en face d'elle, la montagne.
Sa montagne.
Elle n'osait pas lever le regard.
Voir Paah et Maah jetés au fond du précipice, brisés, sans doute, elle ne le pouvait pas.
La petite pierre avait aussi appris la curiosité dans ses voyages, et elle finit par regarder le haut de la montagne.

Paah et Maah étaient toujours immobiles, appuyés l'un contre l'autre, couronnés de nuages.

Création graphique de la collection :
Studio de création
de Repères Communication

Reproduit et achevé d'imprimer
en février 2004
par l'imprimerie Collet à Mayenne
pour le compte des éditions
ACTES SUD
Le Méjan
Place Nina-Berberova
13200 Arles

Dépôt légal
1re édition : mars 2004
N° imprimeur : 2004 01 0009
(Imprimé en France)